Helmut Stelljes · Ein Tag in… Worpswede

Willkommen in Worpswede

Ein Tag in ...

Worpswede

2., verbesserte Auflage

Helmut Stelljes

Vor den Pferdeweiden
Bahnhofstraße
Osterweder Straße
Hans-am-Ende-Weg
Findorffstraße
Im Schluh
Bauernreihe
Straßentor
Osterholzer Straße
Findorffstraße
Bergstraße
Hembergstraße
Lindenallee
Susenberg
Fritz-Mackensen-Weg
Ostendorfer Straße
Auf der Heidwende
Am Thiergraben
Heinrich-Vogeler-Weg

Inhaltsverzeichnis

Einleitung

Der Name Worpswede ist in historischen Urkunden mit veränderter Schreibweise dokumentiert: Worpensweerde, Worpesweede, Worpeneswede, Worpensethe oder Worpeswede. „Worp“ (Warft, Wurt) und „Wede“ (vidu, witu, wood) bedeuten zusammengefügt „Hügel im Wald“, was das Wort „Worpswede“ erklären kann.

Der Weyerberg, auf dem das Dorf Worpswede liegt, erreicht eine Höhe von 54,4 m. Erdgeschichtlich wird die Anhöhe als eiszeitliche Grundmoräne beschrieben. Der in der Landschaft isolierte Hügel, auch ein „Zeugenberg“ genannt, ist bereits in der Bronzezeit um 1000 v. Chr. von Jägern und Fischern besiedelt worden, denn am Südhang wurde ein bronzezeitliches Urnengrab entdeckt.

Die schriftlich nachweisbare Geschichte des ursprünglichen Bauerndorfes Worpswede beginnt am 21. Juli 1218. Der Erzbischof Gerhard I. von Bremen übertrug urkundlich dem Benediktiner-Kloster zu Osterholz die Hälfte des Zehnten von bestimmten Hofstellen in Worpswede. Der heutige Besucher kann den historischen Ortskern des Haufendorfes immer noch durch die Straßen „Bauernreihe“ und „Straßentor“ mit den ursprünglichen Hofstellen erkennen.

Das auf dem Weyerberg gelegene Bauerndorf blieb aufgrund der besonderen Lage über viele Jahrhunderte ein abgeschiedener Ort, der von unbesiedelten, menschenfeindlichen Mooren umgeben war. Erst in der zweiten Hälfte des 17. Jahrhunderts fand Worpswede eine historisch nennenswerte Bedeutung, denn nach dem Dreißigjährigen Krieg übertrug Königin Christine von Schweden, die Tochter von König Gustav, dem Landgrafen Prinz Friedrich von Hessen-Eschwege für Gebietsverluste sowie treu geleistete Dienste das Kloster Osterholz und obendrein die zugehörigen Güter. Daraufhin plante er im Jahre 1650 auf dem Weyerberg ein „Lustschloß“ mit „Thiergarten“ zu erstellen. Am Anfang entstand die „Slottschün“, die „Scheune des Schlosses“, die bis zum Abbruch im Jahre 1938 zu den ältesten Gebäuden von Worpswede zählte. Sie ist bis zu diesem Zeitpunkt oft ein Motiv für die Maler und Grafiker gewesen. Der Bau des Lustschlosses blieb allerdings in den Anfängen stecken, weil der Landgraf im nordischen Krieg verraten wurde. Seine Feinde erschossen ihn im Jahre 1655 bei Lissa.

In der Zeit nach 1750 erlebte Worpswede eine nachhaltige Veränderung, denn die Erschließung des umliegenden Teufelsmoores beeinflusste auch das Dorf auf dem Weyerberg. Für die Maßnahmen und Planungen wurde maßgeblich der „Königliche Moor-Commissar“ Jürgen Christian Findorff

(1720–1792) eingesetzt. Die Kolonisierung des Teufelsmoores verwandelte die ursprüngliche Naturlandschaft zu einer nutzbringenden Kulturlandschaft. Die zuvor unwegsame und karge Region wurde „Dovelsmoor" genannt („dov" bedeutet taub oder unfruchtbar). Unter Anleitung des Moorkommissars Findorff wurde das „dove Moor", das Teufelsmoor, für die ersten Siedler zugänglich gemacht. Die geeigneten Verkehrswege des einst unzugänglichen Teufelsmoores waren dann vor allem die Schifffahrtskanäle, die in mühsamer Handarbeit von den Kolonisten ausgehoben und angelegt wurden, weil helfende Maschinen damals noch nicht verfügbar waren. Zahlreiche Dörfer des Teufelsmoores entstanden unter schwierigsten Bedingungen größtenteils in der Zeit zwischen 1750 und 1800. Ein plattdeutscher Spruch beschreibt das erbärmliche Leben der Moorsiedler für eine Zeitspanne von drei Generationen: „Den Eersten sien Dood, den Tweeten sien Noot, den Drüdden sien Broot", was übersetzt bedeutet: Des Ersten Tod, des Zweiten Not, des Dritten Brot. Die Kolonisation des Teufelsmoores führte in der Umgebung von Worpswede zu einem deutlichen Bevölkerungszuwachs. Auf dem Weyerberg entstand in den Jahren von 1757 bis 1759 die „Zionskirche". Der eigentliche Ruhm Worpswedes hat seinen Ursprung erst im 19. Jahrhundert, als sich eine Gruppe von Künstlern das kleine Dorf zum Ort ihrer Inspiration und ihrer Lebenswelt erkor.

Die Künstlerkolonie Worpswede

Im Alter von 18 Jahren begann Fritz Mackensen 1884 sein Kunststudium an der Düsseldorfer Kunstakademie. Hier hatte er „Freitisch" bei Frau Eilert. Mackensen erzählte später einmal, dass die Witwe Eilert sehr kunstliebend war und ihn auf Empfehlung der Akademie wie einen Sohn aufgenommen hatte. Frau Eilert war die Schwester des Worpsweder Kaufmanns und Ortsvorstehers Carl Otto Ferdinand Stolte. Seine Tochter Emilie Sophie lernte den Kunststudenten Mackensen in Düsseldorf kennen. Sie ermunterte ihn zu einem Besuch ihres Elternhauses in Worpswede. Rückblickend schrieb Mackensen: „Als ich im Jahre 84 als junger Studierender der Düsseldorfer Kunstakademie in meinen ersten Akademieferien zum ersten Mal nach Worpswede kam, offenbarte sich mir dieses Land als ganz neu und ungewohnt". [1]

Worpswede und das Teufelsmoor wurden in den folgenden Jahren mit dem „Himmel von unbeschreiblicher Veränderlichkeit und Größe" [2] von unzähligen Künstlern entdeckt. Schon bei seiner ersten Begegnung war der junge Kunststudent Mackensen von der farbenreichen und geheimnisvollen Landschaft begeistert. Er schrieb: „Ich ging auf den Berg. Da offenbarte sich mir Worpswede in seiner allergrößten Herrlichkeit. Wenn bei sinkender Sonne verschieden hoch übereinander schwebende Wolkengebilde das Licht fangen, dann gibt es Farben von Dunkelviolett, Kupferrot, Gold und Silber, und da, wo der Äther aufblitzt, erscheint er grünlich oder in den Gebieten der silbernen Cirruswolken seidig blau". [3]

Nach „eigener Zeitrechnung" nahm im Jahre 1889 die Künstlerkolonie Worpswede ihren Anfang. Die Maler Fritz Mackensen und Otto Modersohn waren damals Kunststudenten der Düsseldorfer Akademie. Am 3. Juli kamen sie in das damals abgelegene Dorf am Rande des Teufelsmoores. Otto Modersohn kommentierte seine ersten Wahrnehmungen: „Ich fand ein höchst originelles Dorf, das auf mich einen durchaus fremdartigen Eindruck machte; der hügelige, sandige Boden im Dorf selbst,... alles so weit und groß wie am Meer". [4]

Als der Maler und Grafiker Hans am Ende, der in jener Zeit Kunst in München studierte, eine Einladung von Fritz Mackensen bekommen hatte, traf er am 4. August 1889 ebenfalls in Worpswede ein. Otto Modersohn notierte im Tagebuch: „Wir gingen einen Nachmittag 25., 26. oder 27. August 1889 nach Bergedorf... Bleiben auf der Brücke, die dort über den Kanal führt, stehen, nach allen Seiten die köstlichsten Bilder. ‚Wie wäre es, wenn wir überhaupt hier blieben'... Worpswede war uns in der Zeit, ohne daß wir es eigentlich wußten, so nahe gerückt, daß eine Trennung fast unmöglich war". [5] Dieses „erlösende Wort" können wir rückblickend als einen weitreichenden Anstoß für die Gründung und die nun folgende Entwicklung der Künstlerkolonie bewerten.

Fritz Overbeck war damals Student an der Düsseldorfer Akademie und Otto Modersohn ermutigte ihn, ebenso nach Worpswede zu kommen. Im Jahre 1892 besuchte Overbeck das erste Mal den Ort am Rande des Teufelsmoores. Als er die Düsseldorfer Akademie verließ, übernahm Heinrich Vogeler zunächst sein Atelier. Zwei Jahre später kam Heinrich Vogeler nach Worpswede und wurde hier 1894 ebenfalls ansässig.

Die „Entdecker und Begründer" der Künstlerkolonie Worpswede bildeten eine Künstlergruppe, die von der norddeutschen Landschaft nachhaltig fasziniert war. Die „Worpsweder" Fritz Mackensen, Otto Modersohn, Hans am Ende, Fritz Overbeck und Heinrich Vogeler beteiligten sich 1895 zunächst an einer Ausstellung in der Bremer Kunsthalle und im gleichen Jahr mit ihren Gemälden und Grafiken an der Jahresausstellung im Münchener Glaspalast. In München erzielten sie einen legendären Erfolg. So-

wohl in den regionalen als auch in den überregionalen Medien fand der beispiellose „Durchbruch" der fünf „Worpsweder" in der Welt der Kunst ein weiträumiges Echo. Fritz Mackensen erhält für sein Gemälde „Gottesdienst im Moor" die große Goldmedaille und von Otto Modersohn kauft die Neue Pinakothek das Bild „Sturm im Teufelsmoor". In der Monografie „Worpswede" von Rainer Maria Rilke heißt es: „Der Erfolg, den die Maler von Worpswede auf der… Jahresausstellung im Münchener Glaspalast errangen, hat in der Geschichte der neueren Kunst nicht seinesgleichen". [6] Und der Schriftsteller Konrad Tegtmeyer nannte Worpswede einen „Wallfahrtsort", denn „… bis in die entlegensten Erdenwinkel waren Ruhm und Ruf der Worpsweder gedrungen, und der Name des Dorfes wandelte sich zum kunstgeschichtlichen Begriff". [7]

In der Zeit nach 1895, dem Jahr des „Durchbruchs", folgte den „Entdeckern und Gründern" der „Künstlerkolonie Worpswede" eine nicht endende Zahl von Künstlern und Künstlerinnen. Bis heute haben sie alle, Maler, Zeichner, Grafiker, Bildhauer, Kunsthandwerker, Dichter, Schriftsteller, Fotografen, Musiker, Architekten und Designer mit ihren Werken die Bedeutung der Künstlerkolonie begründet und bekräftigt.

Das ursprüngliche Bauerndorf Worpswede und die Kulturlandschaft des Teufelsmoores sind von Kunstschaffenden für die Kunst entdeckt worden. Seit dem Jahre 1889 hat die Künstlerkolonie bis heute immer wieder spürbare Veränderungen erfahren. Ein Spaziergang durch das Dorf und die umliegende Landschaft kann dem Besucher einen anschaulichen Einblick in die Spuren dieser Geschichte vermitteln. Entsprechend möchte dieses Buch zu einer selbst gewählten Entdeckungstour anregen und zugleich Hilfen anbieten.

Worpswede, im Oktober 2015,
Dr. Helmut Stelljes

1 Mackensen, Fritz: Gerd Klindworth, Betas Sohn, S. 164. Schloss Bleckede a.d. Elbe 1947.
2 Rilke, Rainer Maria: Künstler Monographien, S. 15. Worpswede. Bielefeld und Leipzig 1903.
3 Mackensen, Fritz. In: Kirsch, Hans-Christian: Worpswede, S. 20. München 1987.
4 Bohlmann-Modersohn, Marina. In: Gesellschaft-Otto-Modersohn-Museum e.V. (Hrsg.): Otto Modersohn, Leben und Werk, S. 375. Fischerhude 2005.
5 ebd., S. 40
6 Rilke, Rainer Maria: Künstler Monographien. Worpswede, S. 45. Bielefeld und Leipzig 1903.
7 Tegtmeyer, Konrad: Der Wallfahrtsort (1932). In: Stelljes, H. (Hrsg.): Worpsweder Almanach, S. 131. Bremen 1989.

Hoetger-Ensemble
(Kaffee Worpswede, Große Kunstschau, Kulturstiftung)
Landkreis Osterholz
Lindenallee 1–3
27726 Worpswede

Tel.: 04792-1302
www.worpsweder-museen.de
info@kulturstiftung-ohz.de

1 Das Hoetger-Ensemble

Der Bildhauer, Architekt, Maler und Designer Bernhard Hoetger schuf 1925 das **Kaffee Worpswede,** 1926 das **Logierhaus** als Hotel und 1927 die **Große Kunstschau Worpswede** für Ausstellungen. Den außergewöhnlichen Bau des Kaffees mit einem Lebensbaum in der Mitte des Raumes nannten Worpsweder Bürger „Kaffee verrückt". Das 1927 vollendete Gesamtkunstwerk aus Backstein, das vom nordischen Expressionismus geprägt und von Elementen des Jugendstils beeinflusst ist, bildet durch die miteinander verbundenen Gebäudeteile eine Einheit. Bei der Gestaltung des Ensembles folgte der Architekt Hoetger dem Grundgedanken, dass Kunst und Leben sowie Schönheit und Zweckmäßigkeit wechselseitig zueinander in Beziehung stehen.

Die Gebäudegruppe wurde 1970/71 nach den Plänen des Bremer Architekten G. Müller-Menckens durch das **Ludwig-Roselius-Museum** erweitert. Am Anfang diente das Haus als Museum für Vor- und Frühgeschichte. Heute werden in den Räumen wechselnde Ausstellungen präsentiert.

Nach der Gründung der Kulturstiftung Landkreis Osterholz im November 1999 wurde der Gebäudekomplex aufwendig restauriert. Das Kaffee Worpswede wird erneut grundsaniert, und es findet ein Pächterwechsel statt. Das ehemalige Logierhaus ist Verwaltungssitz der Kulturstiftung des Landkreises Osterholz und die Große Kunstschau Worpswede, heute mit einer modernen Klimaanlage ausgerüstet, gehört seit 2010 zum Worpsweder Museumsverbund (Barkenhoff, Große Kunstschau, Haus im Schluh, Worpsweder Kunsthalle). Die vier Museen präsentieren Werke der Künstlergeneration „Alte Worpsweder Meister" (Fritz Mackensen, Otto Modersohn, Hans am Ende, Fritz Overbeck, Heinrich Vogeler, Carl Vinnen). Darüber hinaus werden Arbeiten des Bildhauers, Architekten, Malers und Designers Bernhard Hoetger, der Malerin Paula Modersohn-Becker und des Keramikers Willi Ohler gezeigt. Die folgenden Generationen der Künstlerkolonie sowie internationale Kunstschaffende werden im Rahmen wechselnder Projekte des Museumsverbundes präsentiert.

In den Zwanziger Jahren war das **Kaffee Worpswede** der bevorzugte Versammlungsort von Künstlerinnen und Künstlern der „Zweiten Generation", die sich 1925 als Wirtschaftliche Vereinigung Worpsweder Künstler (WVWK) organisiert hatten.

Das Hoetger-Ensemble ist in der Künstlerkolonie Worpswede ein exklusives Beispiel für nordisch-expressionistische Architektur.

„Bonze des Humors“
und „Die Wut“
Lindenallee 1/Bergstraße
(In der Nähe des Parkplatzes beim Kaffee Worpswede)

2 „Bonze des Humors“ und „Die Wut“

Auf dem Weg zum **Kaffee Worpswede** und neben dem Treppenaufgang zum Eingang **Große Kunstschau Worpswede** stehen die Gusssteinplastiken „Bonze des Humors“ und „Die Wut“. Es sind überlebensgroße Monumente, die der Bildhauer, Architekt, Maler und Designer Bernhard Hoetger um 1914 schuf. Zuvor war er von 1910 bis 1912 auf der Mathildenhöhe in der Künstlerkolonie Darmstadt tätig.

Neben zahlreichen Skulpturen gestaltete Hoetger 1912 einen Zyklus von 15 Majoliken (bemalte, glasierte Keramiken). Die Figuren stellen menschliche Wesenszüge von „Licht und Schatten“ dar. Beispielhaft wären hier Glaube und Wut, Güte und Hass, Liebe und Hinterlist und dergleichen aufzuzählen.

Als Hoetger 1914 nach Worpswede kam und ein altes Bauernhaus erwarb, verwandelte er dieses dörfliche Gebäude, den **Brunnenhof**, in eine repräsentative Villa. Für die Gartenanlage wurden die beiden Großplastiken aus dem in Darmstadt entstandenen Zyklus „Licht und Schatten“ als Kopien in Gussstein geschaffen. Die übergroßen Skulpturen „Bonze des Humors“ (Licht) und „Die Wut“ (Schatten) dekorierten viele Jahre den Garten des **Brunnenhofes** (heute **Diedrichshof**). In den 70er-Jahren gelangten die beiden Großsteinplastiken auf das Freigelände des **Hoetger-Ensembles**, als neben der Großen Kunstschau auch das **Ludwig-Roselius-Museum** entstand.

Seit 2005 stehen wieder zwei neue Kopien aus Gussstein in der restaurierten Gartenanlage des **Diedrichshofes.**

Tourist-Information für Worpswede
und das Teufelsmoor
Bergstraße 13
27726 Worpswede
Tel.: 04792-935820
www.worpswede-touristik.de
info@worpswede-touristik.de

3 Tourist-Information für Worpswede und das Teufelsmoor

An der Bergstraße/Ecke Lindenallee kaufte am 27. Oktober 1927 die Weberin Elisabeth Vatheuer ein Grundstück. An dieser Stelle entstand 1928 ein ungewöhnliches Backsteingebäude, das der Bildhauer, Maler, Kunsthandwerker und Architekt Bernhard Hoetger im expressionistischen Stil gestaltete. Den originellen Bau schuf der vielseitige Künstler als Kombination von Arbeits-, Ausstellungs- und Wohnhaus. Vor der Entstehung des Objektes formte Hoetger ein Gipsmodell, das heute jedoch nur noch als Foto vorhanden ist. Bereits nach einem Jahr gab Elisabeth Vatheuer die Weberei wieder auf. Das Gebäude verkaufte sie an die *Kaffee Worpswede GmbH*. Die nachfolgende Nutzerin des Hauses war die Kunsthändlerin Philine Vogeler, die den Hoetger-Bau mietete. Sie organisierte hier Ausstellungen und lebte vom Verkauf der Kunstwerke.

Als Philine Vogeler 1954 starb, verlor das Gebäude schon bald seine ursprüngliche Funktion. In der Folgezeit blieb es häufig unbenutzt und wurde zunehmend baufälliger, bis es im Jahre 1972 der Gemeinde Worpswede übereignet wurde. Die dann folgenden Sanierungsmaßnahmen endeten 1974. Das **Philine-Vogeler-Haus** diente nun als eine Stätte für unterschiedliche Veranstaltungen. Ab 1975 fand auch das Verkehrsbüro der Gemeinde Worpswede in dem denkmalgeschützten Bau eine Unterkunft.

Im Rahmen des „Masterplan Worpswede“ wurde das **Philine-Vogeler-Haus** in der Zeit nach 2010 zu einem Besucherzentrum ausgebaut und grundlegend restauriert. Die heutige **Tourist-Information für Worpswede und das Teufelsmoor** empfängt seit 2012 die Gäste in einem modernisierten Raum. Die Besucher können sich anhand von aktuellem Anschauungsmaterial und einer historischen Zeitleiste über die kunst- und kulturgeschichtlichen Abläufe der Künstlerkolonie Worpswede informieren.

In Erinnerung an die Kunsthändlerin Philine Vogeler trägt das Haus bis heute ihren Namen.

Worpsweder Bahnhof
Bahnhofstraße 17
27726 Worpswede
Tel.: 04792-9878333
www.bahnhof-worpswede.de

4 Worpsweder Bahnhof

Von der Planung bis zur Verwirklichung der Eisenbahnstrecke zwischen Osterholz-Scharmbeck und Bremervörde vergingen viele Jahre. Die Forderung nach einer „landschaftsgebundenen Architektur“ beim Bau der Bahnstationen wurde durch den 1903 in Worpswede gegründeten *Verschönerungsverein* maßgeblich beeinflusst. Vorsitzender war bis 1912 der Künstler Heinrich Vogeler.

Der **Worpsweder Bahnhof** wurde von Heinrich Vogeler in Zusammenarbeit mit dem Architekten Alfred Schulze geplant und gebaut. Das 1910 entstandene Gebäude und auch die Innenausstattung sind ein Gesamtkunstwerk im „Worpsweder Jugendstil“.

Am 24. Dezember 1910 berichtet der Schriftsteller E. Koenemann in der *Worpsweder Zeitung,* dass an diesem Tag der erste Zug den festlich geschmückten Bahnhof mit 33 Fahrgästen zu einer Reise in Richtung Osterholz verließ. Der sogenannte „Moorexpress“ war für viele Jahrzehnte mit dem Frachtverkehr sowohl für die Torfindustrie als auch die Landwirtschaft des Teufelsmoores bedeutsam. Darüber hinaus förderte die Eisenbahn den Fremdenverkehr in Worpswede, da sie bis zur Einstellung des Personenverkehrs am 18. März 1978 viele Besucher in das Künstlerdorf brachte.

Nach einer zweijährigen Renovierung beherbergte der **Worpsweder Bahnhof** ab 1980 ein Restaurant, dessen Innenräume in der ursprünglichen Form des Jugendstils wieder hergerichtet wurden. Das Restaurant hat nach wie vor, entsprechend der anfänglichen Funktion des Bahnhofs, eine erste, zweite und dritte Klasse. Seit 2000 verkehrt in den Sommermonaten wieder der „Moorexpress“ auf der historischen Bahnstrecke. Worpswede bleibt damit ein touristisches Ziel und eine gefragte Haltestelle.

Die Eigentümerin *EVB (Eisenbahnen und Verkehrsbetriebe Elbe Weser GmbH)* hat, nach einer gründlichen Renovierung, nun einen neuen Pächter. Seit dem 1. April 2014 bewirtschaftet das Ehepaar Hartmann das denkmalgeschützte Haus mit dem unverwechselbaren Restaurant im Jugendstil.

Der Glockenstuhl vor dem Rathaus der Gemeinde Worpswede
Rathaus der Gemeinde Worpswede
Bauernreihe 1 (Ecke Bauernreihe und Straßentor)
27726 Worpswede
www.gemeinde-worpswede.de

5 Glockenstuhl

Der älteste Teil von Worpswede befindet sich im Bereich der Straßen **Bauernreihe** und **Straßentor.** Für diesen historischen Ortskern haben 1699 alteingesessene Worpsweder Bauern einen Glockenstuhl gestiftet und errichtet. Die „Betglocke" läutete bei Taufen, Hochzeiten, Beerdigungen und bei Feuersbrunst. Sie rief die Dorfbewohner auch zum Gottesdienst in die Klosterkirche von Osterholz, zu der die Kirchengemeinde Worpswede damals gehörte.

Im Zweiten Weltkrieg wurde die Glocke eingeschmolzen und das zugehörige Gerüst abgetragen. Erst am 31. Juli 1982 konnte eine neue Dorfglocke eingeweiht werden. Mit der Rekonstruktion des historischen Denkmals bleibt die Erinnerung an die Tradition des ursprünglichen Bauerndorfes Worpswede erhalten. Der *Landwirtschaftliche Verein Worpswede und Umgebung* war maßgeblich an der Wiederherstellung des Glockenturmes beteiligt.

Zionskirche auf dem Weyerberg
(Ev.-luth. Kirchengemeinde Worpswede)
An der Kirche 5
27726 Worpswede
Tel.: 04792-96335

6 Zionskirche auf dem Weyerberg

Ab 1755 reifte unter der Obhut verantwortlicher Persönlichkeiten, wie dem Geheimen Kammerrat von Bremer, dem Amtmann Meiners und dem Superintendenten Pratje der Plan, eine Kirche auf dem **Weyerberg** bauen zu lassen. In den nun folgenden Jahren konnte sich die örtliche Gemeinde Worpswede von der geistlichen Betreuung der Osterholzer Klosterkirche lösen. Die Pläne zum Bau der Kirche wurden entsprechend von der Königlichen Regierung in Hannover genehmigt und unterstützt, da das Vorhaben die Moorkolonisation zugleich förderte. Hiernach übertrug Amtmann Meiners (Amt Osterholz) dem mit Architekturfragen beschäftigten Jürgen Christian Findorff die Leitung zum Bau der **Zionskirche.** Bei der Durchführung folgte Findorff den Entwürfen von Johann Paul Heumann, der Baumeister am Hofe Georg II., dem Kurfürsten von Hannover und König von England, war.

Nach der Gründung der Kirchengemeinde im Jahre 1756 wurde von 1757 bis 1759 auf dem sogenannten **Kirchberg** das Gotteshaus mit Unterstützung der Königlichen Kammer errichtet – „von Grund auf massiv von gebranntem Mauerstein“. Als die **Zionskirche** entstand, wütete der *Siebenjährige Krieg.* Dennoch wurde die Kirche am 3. April 1759 eingeweiht – „inmitten kriegerischer Unruhen“ – wie die lateinische Inschrift über der Eingangstür der Nordseite verkündet.

Der erste Pastor der Kirchengemeinde war Johann Friedrich Jakob Telge. Die ursprüngliche Hallenkirche wurde erst im Jahre 1789 auf der Ostseite durch den weithin sichtbaren Glockenturm mit einem barocken Helm erweitert. Die schlichte Saalkirche verfügt über einen beachtenswerten Kanzelaltar, der mit kunstvollen Rokoko-Ornamenten geschmückt ist. An den Säulen des Gotteshauses findet man die Engelsputten von Clara Westhoff und die Blumenfresken von Paula Becker. Die beiden Künstlerinnen hatten 1900 die Kirchenglocken aus Übermut geläutet, was im Dorf als Feueralarm missverstanden wurde. Als Bußarbeit schuf Paula Becker am Ständerwerk und in den Bögen die Fresken mit Blumen.

Seit 2012 besitzt die **Zionskirche** ein besonderes Juwel, denn der Orgelbauer Hendrik Ahrend hat die nicht mehr existierende Gloger-Orgel aus dem Jahre 1763 nach alten Plänen rekonstruiert.

Über 80 Worpsweder Künstlerinnen und Künstler fanden auf dem Friedhof ihre letzte Ruhestätte. Die Grabstätte vom Altmeister Fritz Mackensen und das Grabmal der berühmten Malerin Paula Modersohn-Becker sollen hier besonders hervorgehoben werden.

Paula Modersohn-Becker-Grabmal
(Auf der Ostseite des Worpsweder Friedhofs)

7 Grabmal Paula Modersohn-Becker

Das Grabmal der berühmten Malerin Paula Modersohn-Becker befindet sich auf der Ostseite des **Worpsweder Friedhofs.** Die Künstlerin starb in Worpswede am 20. November 1907 im Alter von 31 Jahren. Nach der Geburt der Tochter Mathilde, Tille genannt, waren 18 Tage vergangen, als das Leben der jungen Mutter durch eine Embolie endete.

Paula Modersohn-Becker lernte in Paris 1906 den Bildhauer Bernhard Hoetger kennen. Er erkannte schon früh die außergewöhnliche künstlerische Begabung der damals noch unbekannten Malerin.

Nachdem Bernhard Hoetger die Nachricht vom Tode Paula Modersohn-Beckers erhalten hatte, schuf er den ersten Entwurf eines Grabreliefs. Dieser stieß jedoch beim Worpsweder Kirchenausschuss auf Ablehnung. Erst nach jahrelangen Auseinandersetzungen konnte 1917 die neue Skulptur „Werden und Vergehen" von Hoetger auf dem Worpsweder Friedhof aufgestellt werden. Der Trauspruch von Paula und Otto Modersohn steht auf dem Sockel und lautet: „Denen, die Gott lieben, müssen alle Dinge zum Besten dienen".

In ihren Tagebuchblättern hatte Paula Modersohn-Becker ihren frühen Tod bereits vorhergesagt. Die Ausgestaltung ihrer Grabstätte beschrieb sie 1902 mit den Worten: „… dann kommt ein Holzgestell, still und anspruchslos, und da, um die Wucht der Rosen zu tragen, die mein Grab umgeben …" (Stelljes, Helmut: Worpswede, Worpswede, Du liegst mir immer im Sinn, S. 71. Bremen 2007). Dieser bescheidene Wunsch der Künstlerin wurde durch Hoetgers Skulptur jedoch nicht verwirklicht.

Das Ehrenmal für die bedeutende Künstlerin Paula Modersohn-Becker ist bis heute eine viel besuchte Stätte auf dem **Worpsweder Friedhof.**

Findorff-Denkmal – erreichbar vom Parkplatz am Findorffberg (Denkmal zu Ehren des „Königlichen Moorkommissars" auf einem Hügel des Weyerberges)

8 Findorff-Denkmal

Auf einer gesonderten Anhöhe des Weyerberges, dem **Findorff-Berg,** steht ein Denkmal, das dem „Königlichen Moor-Commissar“ Jürgen Christian Findorff (geb. am 22. Februar 1720 in Lauenburg an der Elbe) gewidmet ist. Im 18. Jahrhundert hatte die kurhannoversche Regierung Aktivitäten zur staatlichen Erschließung der öden und unbewohnten Region des Teufelsmoores veranlasst. Nach 1760 übergab Kurhannover dem Baumeister und Landvermesser Findorff die Aufgaben des Moorvogts. Nach seinen Plänen und Anweisungen entstanden im Teufelsmoor bis zum Jahre 1800 mehr als 50 Moordörfer. Auch die Bauten der Kirchen in Worpswede, Grasberg und Gnarrenburg sind mit dem Namen Findorff verbunden. Bis heute gilt er als der verdienstvolle „Förderer der Moorkolonien“.

Als Findorff am 31. Juli 1792 in Bremervörde starb, verfolgten der Amtmann J. A. Fischer zu Ottersberg und der Oberamtmann J. H. Schroeter zu Lilienthal das Ziel, dem weithin geachteten und von den Kolonisten geschätzten „Vater der Moorbauern“, ein Denkmal errichten zu lassen. Im Jahre 1799 konnte dann auf dem **Findorff-Berg** der Obelisk, ein Gedenkstein aus rotem Granit, errichtet und eingeweiht werden. Zahlreiche Spender, vor allem der englisch-hannoversche König Georg III., haben das pyramidenförmige Monument des Bremer Bildhauers Behling finanziell unterstützt. Die anfangs beschriftete schwarze Marmorplatte wurde im Jahre 1828 durch eine eiserne Tafel ersetzt.

Niedersachsenstein
Weyerberg/Denkmalsplatz/Am Thiergarten

9 Niedersachsenstein

Vor dem Ersten Weltkrieg wurde in Worpswede sowohl vom *Verschönerungsverein* als auch vom *Kriegerverein* mitgeteilt, dass ein Bismarckdenkmal auf dem Weyerberg als Aussichtsturm geplant sei. Die Künstler Fritz Mackensen und Hans am Ende unterstützten diesen Plan aktiv. Als im Jahr 1914 der Krieg ausbrach, änderte Fritz Mackensen seine Einstellung und befürwortete ein Ehrenmal für die gefallenen Soldaten des Ersten Weltkrieges. Die genannten Vereine bildeten eine Kommission, die eine Realisierung des Planes auch finanziell ermöglichen sollte. Für die Errichtung des Monuments stellten die Worpsweder Bauern auf dem Weyerberg das erforderliche Land zur Verfügung. Die Gestaltung des exklusiven Denkmals sollte der Worpsweder Bildhauer Bernhard Hoetger übernehmen. In der Annahme eines siegreichen Kriegsendes entstand ein erster Entwurf mit einer Jünglingsgestalt, der zunächst auf deutliche Zustimmung stieß. Doch der unerwartete Verlauf des Ersten Weltkrieges löste Resignation aus und der bereits begonnene Bau des Denkmals wurde stillgelegt.

Nach einer Zeit unterschiedlicher Vorstellungen über die Gestaltung des Mahnmals sollte die Figur des Jünglings durch einen monumentalen Adler ersetzt werden. Zur Vollendung des Denkmals spendete der Bremer Kaufmann und Mäzen Ludwig Roselius den beachtlichen Betrag von 30.000 Reichsmark. Er war es, der in einem Brief an Hoetger im September 1922 erstmals den **Niedersachsenstein** erwähnte. Es gab Befürworter und Gegner des Mahnmals für die Gefallenen des Ersten Weltkrieges. Bis zur endgültigen Einweihung am 21. September 1922 kam es zwischen diesen zu heftigen Auseinandersetzungen. Während der kompromisslosen Kontroverse entwickelten sich Fritz Mackensen und Bernhard Hoetger zu unversöhnlichen Gegnern. Es wurden sogar Spottkarten verteilt mit Parolen wie „Nie der Sachsenstein“ oder „Nieder Sachsenstein“. Kein Denkmal Hoetgers ist unter solch unerfreulichen Umständen entstanden.

Das schließlich entstandene Monument aus rotem Backstein erreicht eine Höhe von 18 Metern. Das Mahnmal symbolisiert einen vom Krieg geschlagenen Adler, vor dem im Halbkreis Findlinge liegen. Sie sind Symbol für die 72 im Ersten Weltkrieg gefallenen Soldaten aus Worpswede. Diese Gedenksteine tragen die Namen der Kriegstoten, ihrer Heimatgemeinden und die Daten des Landes, in dem sie starben.

Der **Niedersachsenstein,** welcher (auch im Nachhinein noch) wiederholt zu Meinungsverschiedenheiten herausforderte, ist bis heute ein außergewöhnliches Beispiel expressionistischer Denkmalskunst.

Diedrichshof, ehemaliger Brunnenhof v. B. Hoetger
Ostendorfer Str. 27
27726 Worpswede
Tel.: 04792-93310
Besichtigung nur nach Vereinbarung

Das Kreative Haus im Hoetger-Hof
Hinterm Berg 14
27726 Worpswede
Tel.: 04792-5299680
Besichtigung nur nach Vereinbarung

10 Brunnenhof und Hoetger-Hof

Bernhard Hoetger wurde 1914 in Worpswede ansässig. Er war als Bildhauer, Architekt, Maler und Kunsthandwerker tätig. Nach seiner Steinmetzlehre, anschließenden Wanderjahren und einem Kunststudium in Düsseldorf, folgten Aufenthalte in Paris, Darmstadt und Fischerhude, bevor er nach Worpswede kam. Den Entschluss, im Künstlerdorf zu leben und als Künstler zu arbeiten, begründete er 1922 gegenüber der Schriftstellerin Sophie Dorothea Gallwitz so: „Es wurde mir in den Jahren immer klarer, daß eine Landschaft, in deren Luft eine Kunst wie die der Paula Modersohn groß werden konnte, auch für mein Schaffen die rechte Atmosphäre sein müsse“ (Gallwitz, Sophie Dorothea: Dreißig Jahr Worpswede, S. 45. Bremen 1922).

Nachdem das Künstlerdorf Hoetgers Heimat geworden war, erwarb er den **Brunnenhof,** ein strohgedecktes Bauernhaus im Ortsteil Ostendorf. Der Architekt Hoetger wandelte das Gebäude zu einem zweigeschossigen Wohn- und Atelierhaus mit zwei Ecktürmen und einer Parkanlage um.

Nach dem Ersten Weltkrieg verkaufte der unermüdlich wirkende Künstler Hoetger sein Domizil in Worpswede, da er es als nicht mehr zeitgemäß empfand. Nachdem der **Brunnenhof** 1923 ein Opfer der Flammen wurde, kaufte Helene Schnurbusch 1924 das Grundstück und baute das Haus im veränderten Stil wieder auf. Sie nannte das Anwesen nach dem Namen ihres Mannes „Diedrichshof“. Heute wird die restaurierte Gartenanlage mit ihren imposanten Skulpturen „Hoetger-Garten“ genannt und der denkmalgeschützte **Diedrichshof** ist ein Tagungshotel des Erwin-Stauss-Instituts.

Bernhard Hoetger erwarb im Jahre 1921 am Südhang des Weyerberges ein Grundstück und begann kurze Zeit darauf mit einem Neubau, den der Kunsthistoriker Walter Müller-Wulcke 1928 als „einzigartiges Gesamtkunstwerk“ beschrieb. Dem Betrachter vermittelt der entstandene **Hoetger-Hof** mit seiner unsymmetrischen Ausgestaltung ein außergewöhnliches Beispiel expressiver Architektur. Mit dem eigenwilligen Baustil vollzog Hoetger damals eine Rückwendung zu nordisch-mythologischen Elementen in einer unverwechselbaren Baukunst. Gewölbte und zurückspringende Mauern, krummwüchsige Balken, wuchtige Holztüren und ein gewaltiges Satteldach ergeben das Bild eines naturnahen Gestaltungsprinzips. Bernhard Hoetger schuf mit seinem zweiten Wohnsitz in Worpswede ein begehbares Kunstwerk.

Die jetzige Mieterin gründete hier die auf Veranstaltungen spezialisierte Einrichtung **Das Kreative Haus.** Sie gibt hier Seminare und richtet Firmen- und Familienfeiern aus.

Käseglocke
Lindenallee 13
27726 Worpswede
verein@freunde-worpswede.de

11 Käseglocke

Das bemerkenswerte Rundhaus ohne Dachfirst und Giebel ist eine architektonische Besonderheit im Künstlerdorf Worpswede. Von all den Namen dieser ungewöhnlichen Wohnwelt, wie „rundes Kuppelhaus“, „Glockenhaus“, „Bienenkorb“, „Butterglocke“, „Iglu“ oder auch spöttisch „Papageienkäfig“, hat sich die Bezeichnung **Käseglocke** durchgesetzt.

1908 wurde Edwin Koenemann (1883–1960) in Worpswede ansässig. Er selbst nannte sich Schriftsteller, Fremdenführer und auch „Moorläufer". Aus dem Erbe seines Vaters, einem russlandstämmigen Textilfabrikanten, kaufte Koenemann 1915 in Worpswede an der Lindenallee ein Waldstück. Hier errichtete er 1916 eine bescheidene Hütte. Ungeachtet der Tatsache, dass Koenemann zu dieser Zeit mit Frieda Rogge verheiratet war und eine Tochter (Marion) hatte, lebte er mit der Bremer Telefonistin Grete Barleben in der kargen Waldhütte an der Lindenallee.

Nach der Scheidung von seiner ersten Frau entwickelte er 1922 zusammen mit seiner Lebensgefährtin Grete Barleben erste Vorstellungen über den Bau eines Hauses auf dem Grundbesitz. Edwin Koenemann verkündete immer wieder, er habe sich mit der Planung des runden Bauwerkes viele Jahre beschäftigt und insgesamt 1389 Konstruktionszeichnungen angefertigt.

Nachdem das mittlerweile verheiratete Paar Koenemann/Barleben die Baugenehmigung für das Vorhaben erhielt, wurde der Grundstein für die **Käseglocke** am 10. Januar 1926 gelegt. Der exotische Rundbau wurde am 24. November 1926 eingeweiht. Der Grundflächendurchmesser dieser runden, zweistöckigen, aus Holz gefertigten Kuppel beträgt 10 m und erreicht eine Höhe von 6,46 m. Die Innenaufteilung ist schneckenförmig angelegt und die insgesamt 12 Räume enthalten zahlreiche Einbauschränke. Die zentrale Ofenanlage im expressionistischen Stil wurde von dem Bildhauer Karl Piening entworfen.

Grete Barleben starb 1937 infolge einer Tuberkulose. Daraufhin heiratete Edwin Koenemann 1939 die aus Hamburg stammende Lehrerin Editha Voss (1898–1993), die bis zu ihrem Tode in der **Käseglocke** lebte.

Um 1980 ist durch Recherchen nachgewiesen worden, dass Koenemann/Barleben „ihr" Bauwerk als Plagiat errichteten, denn bereits 1921 wurden in der Zeitschrift *Frühlicht* die Entwürfe eines Kuppelwohnhauses des berühmten deutschen Architekten Bruno Taut (1880–1938) veröffentlicht.

Die *Freunde Worpswede e.V.* erwarben im Jahre 1994 die **Käseglocke.** Mit Eigenmitteln und erheblicher finanzieller Unterstützung der *Deutschen Stiftung Denkmalschutz* und des Landes Niedersachsen restaurierte der Verein das inzwischen sehr schadhafte Rundhaus. Die **Käseglocke** und die originellen, expressionistischen Objekte der Außenanlage, beispielsweise „Blinddarm" und „Gralsburg", stehen seit 1996 unter Denkmalschutz. Die **Käseglocke** ist seit 2001 der Öffentlichkeit insbesondere als Museum für regionale, angewandte Kunst zugänglich.

Villa Mackensen
Fritz-Mackensen-Weg 11
27726 Worpswede

12 Villa Mackensen

Fritz Mackensen (1866–1953), der als Entdecker Worpswedes gilt, bekundete in seinem Buch „Gerd Klindworth, Betas Sohn“ (Oldenburg 1947) mit einer persönlichen Widmung seinen Dank an die Worpsweder Familie Stolte, „der es zu danken ist, dass ich Worpswede für die Kunst entdeckte, und so Worpswede von der Welt entdeckt wurde“. Auf Einladung der Familie Stolte war er, als damals 18-jähriger Student der Düsseldorfer Kunstakademie, am 13. September 1884 nach Worpswede gekommen. Fritz Mackensen war vom Lichtzauber der Landschaft zutiefst fasziniert, denn dem Maler offenbarte sich die Region „in seiner allergrößten Herrlichkeit" (Kirsch, Hans-Christian: Worpswede, S. 20. München 1987).

Im August 1889 beschlossen die Künstler Fritz Mackensen, Otto Modersohn und Hans am Ende, in Worpswede zu bleiben. Modersohn schrieb in sein Tagebuch: „Worpswede war uns in der Zeit [...] so nahe gerückt, daß eine Trennung fast unmöglich war" (siehe Einleitung). Diese Worte lassen sich gut mit dem Beginn der Künstlerkolonie Worpswede in Verbindung bringen. Vor allem der legendäre Erfolg der fünf Künstler Mackensen, Modersohn und am Ende, sowie Overbeck und Vogeler im Münchener Glaspalast 1895, löste in Worpswede einen nachhaltigen Zustrom von Künstlerinnen und Künstlern aus. Mackensen erhielt hier für sein Gemälde „Gottesdienst im Freien" die Goldmedaille. Eine große Zahl von Kunstschaffenden wurde daraufhin in den folgenden Jahren in Worpswede ansässig und sie veränderten das Ortsbild maßgeblich durch ihre individuellen Häuser.

Die **Villa Mackensen,** am Westhang des Weyerberges und unterhalb des Findorffberges, entstand zwischen 1900 und 1903. Der Entwurf des Hauses stammte von seinem Bruder, dem Architekten Wilhelm Mackensen. Der „Susenbarg", wie der Hügel genannt wurde, auf dem das repräsentative Gebäude entstand, war zu der Zeit nahezu unbewaldet. Folglich war die imposante Villa weithin sichtbar. Zugleich bot sie dem Hausherrn einen unvergleichlichen Blick in die Weite der Hammeniederung.

Der an städtische Vorbilder angelehnte Prachtbau mit Erkern, Türmen, Vor- und Rücksprüngen wurde von den Künstlerinnen und Künstlern kontrovers bewertet. Auch der Worpsweder *Verschönerungsverein* sprach damals von einer Zerstörung der Naturlandschaft. Mit der pompösen Villa wollte Mackensen offenbar im Vergleich zu Vogelers Barkenhoff seine besondere Rolle in der Künstlerkolonie unterstreichen. Fritz Mackensen bewohnte zusammen mit seiner Frau Herta, geb. Stahlschmidt (1884–1949), und seiner Tochter Alexandra (1908–1963) die riesige Villa nur teilweise. Nach dem Tod von Mackensens Tochter kaufte der Unternehmer Conrad Naber das Anwesen. Zu den heutigen Mietern der nun von Bäumen umgebenen Villa zählen inzwischen vor allem Künstlerinnen und Künstler.

Haus Stolte
Findorffstraße 10
27726 Worpswede

13 Das Haus Stolte

Die Geschichte des Hauses Stolte beginnt im Jahre 1817 mit einem Kramladen, den Johann Friedrich Jakob Telge, der Enkel des gleichnamigen ersten Worpsweder Pastors, in der Pastorenscheune unterhalb der **Zionskirche** eröffnete. Ein Neubau des Geschäfts erfolgte 1824 an der heutigen Findorffstraße. Zur Erinnerung an den Geschäftsgründer befindet sich über der Eingangstür das Familienwappen. Die Übersetzung der lateinischen Leitworte lautet: „Gott–Schutz–Wachstum–Glück".

Die Gedenktafel mit dem Relief des Bildhauers Peter Lehmann am Giebel des **Hauses Stolte** erinnert an den folgenreichen Besuch Mackensens, der „Worpswede für die Kunst entdeckte, und so Worpswede von der Welt entdeckt wurde".

Am 13. September 1884 kam der junge Student der Düsseldorfer Akademie Fritz Mackensen auf Einladung der Kaufmannsfamilie Stolte nach Worpswede. Denn die Tochter des Kaufmanns und damaligen Ortsvorstehers C.O.F. Stolte, Sophie Emilie (Tante „Mimi" genannt) lernte bei ihrer Tante Eilert in Düsseldorf den damals 18-jährigen Künstler kennen. Fritz Mackensen hatte bei Tante Eilert Freitisch und Sophie Emilie ermunterte ihn, ihr heimatliches Bauerndorf zu besuchen, welches zu jener Zeit abgeschieden am Rande des Teufelsmoores lag.

Den entscheidenden Anstoß zur Entdeckung der malerischen Worpsweder Landschaft hat also Sophie Emilie Stolte gegeben. Sie lebte im **Haus Stolte** bis zu ihrem Tode (1941). Der „Altmeister" Fritz Mackensen ist zeitlebens Gast bei der Kaufmannsfamilie Stolte gewesen.

Barkenhoff
Ostendorfer Straße 10
27726 Worpswede
museum@barkenhoff-stiftung.de
Tel.: 04792-3968
www.worpswede-museen.de

14 Barkenhoff

Im Jahre 1894 kam der Künstler Heinrich Vogeler (1872–1942) auf Anregung des Malers und Grafikers Fritz Overbeck nach Worpswede. Vom väterlichen Erbe konnte Vogeler 1895 in Ostendorf (damals noch ein eigenständiger Ortsteil von Worpswede) eine strohgedeckte Bauernkate erwerben. Das Anwesen nannte er „Barkenhoff" – ein plattdeutsches Wort für Birkenhof.

In den folgenden Jahren verwandelte Vogeler das anfangs dörfliche Domizil in eine „Insel der Schönheit". Die Leitidee des Hausherrn war, den Gebäude- und Gartenbereich als Gesamtkunstwerk zu gestalten; ein Vorhaben, das sich an den Elementen der Jugendstil-, Empire- und Biedermeierkunst orientierte. 1898 ist die repräsentative Giebelfassade entstanden. Die mit Empire-Urnen verzierte Terrassenmauer führt über eine Treppe in den symmetrisch angeordneten Garten.

Heinrich Vogeler hatte 1894 in Worpswede die 14-jährige Martha Schröder kennengelernt. Martha, die Tochter eines Dorfschullehrers, war für den jungen Künstler vor allem in der Zeit des Jugendstils Muse und Modell. Das Paar heiratete 1901. Aus der Ehe stammten die drei Töchter Marieluise (1901), Bettina (1903) und Martha „Mascha" (1905).

In der Zeit um 1900 entwickelte sich der **Barkenhoff** zu einer überregional bedeutsamen Kulturstätte. Zu der „Barkenhoff-Familie" gehörten Martha und Heinrich Vogeler, Rainer Maria Rilke, Clara Rilke-Westhoff, Otto Modersohn, Paula Modersohn-Becker, Vogelers Bruder Franz, dessen Frau Philine und Paulas Schwester Milly Becker. Zu den interessanten Gästen zählten unter anderem Carl und Gerhard Hauptmann, Thomas Mann, Richard Dehmel, Rudolph Alexander Schröder, Walter Heymel oder Max Reinhard.

Besucher des Barkenhoffs können noch heute über der ehemaligen Eingangstür den Haussegen lesen, den der Dichter Rainer Maria Rilke am Weihnachtsfest 1898 niederschrieb: „Licht sei sein Loos. Ist der Herr nur das Herz und die Hand des Baus, mit den Linden im Land wird auch sein Haus schattig und groß".

Nach dem Ende des Ersten Weltkrieges änderte sich das Gesicht der von der Alltagswelt abgehobenen „Insel der Schönheit". Der heimgekehrte Kriegsteilnehmer Vogeler war inzwischen überzeugter Kommunist geworden und verwandelte seinen Traum von einer heilen Welt in eine kommunistische Siedlungsgemeinschaft und Arbeitsschule. Von 1923 bis 1933 wirkte die *Rote Hilfe* auf dem Barkenhoff.

Nach wechselnden Besitzverhältnissen und letztlich einem drohenden Abriss (1971) kaufte die Gemeinde Worpswede 1972 mit finanzieller Unterstützung der Länder Niedersachsen und Bremen sowie Ludwig Roselius Junior das Anwesen. Seit 1981 besteht die *Barkenhoff-Stiftung.* Neben wechselnden Ausstellungen bot der Barkenhoff von 1981 bis 2009 auch Stipendiaten als Stätte der Künstlerförderung besondere Arbeitsmöglichkeiten.

Nach einem zweijährigen Umbau präsentiert sich der Barkenhoff seit 2012 mit einem weiträumigen Foyer und einer erweiterten Ausstellungsfläche. Das modernisierte Haus gehört heute zum *Worpsweder Museumsverbund.*

Haus im Schluh
Im Schluh 35
27726 Worpswede
info@haus-im-schluh.de

15 „Haus im Schluh“

Martha Vogeler (1879–1961), die erste Frau von Heinrich Vogeler, gründete 1920 in Worpswede das **Haus im Schluh.** Zusammen mit ihren drei Töchtern Marieluise (genannt Mieke, geb. 1901), Bettina (geb. 1903) und Martha (genannt Mascha, geb. 1905) verließ sie nach der Trennung von ihrem Mann den Barkenhoff. Am Rande des Ortskerns fand Martha bereits 1919 ein Grundstück an dem Sandweg **Im Schluh** („Schluh“ bedeutet Feuchtgebiet/Sumpf). Anschließend ließ sie im Moordorf Lüningsee ein altes Bauernhaus abtragen und **Im Schluh** wieder aufbauen. Außerdem entstand ein kleines Nebenhaus, in dem Webstühle aufgestellt wurden. In den folgenden Jahren entwickelte sich das **Haus im Schluh** zu einer Stätte für traditionelle Webkunst und zeigte Arbeiten des vielseitigen Künstlers Heinrich Vogeler.

Die Hofanlage wurde 1937/38 durch ein zweites Fachwerkhaus aus der Moorsiedlung Grasdorf erweitert. Das Bauernhaus aus dem Jahr 1851 beherbergt heute neben einem Teil der Vogeler-Sammlung auch die Hand- und Bildweberei. Dieses Webhaus wurde 1992 durch einen Anbau für Ausstellungen, Konzerte und Vorträge erweitert.

Das Ensemble **Haus im Schluh** ist Handweberei, Museum, Archiv, Café und Pension. Es gehörte zur Tradition des Hauses, dass Schriftsteller, bildende Künstler und Schauspieler zu Gast waren oder auch für längere Zeit hier Unterkunft fanden. Die Liste der Persönlichkeiten, welche im Haus weilten, ist lang: unter anderem Manfred Hausmann, Richard Oelze, Lotte Loebinger, Peter Zadek, Lew Kopelew, Jan Vogler, Helmut Heinken oder Fritz Meckseper. Im Jahre 2003 wurden die denkmalgeschützten Einrichtungen in eine Stiftung überführt. Beide Niedersachsenhäuser mit ihren historischen Reetdächern sind jetzt aufwendig restauriert.

Das **Haus im Schluh** gehört zum *Worpsweder Museumsverbund* und beteiligt sich seit 2012 an dessen wechselnden Ausstellungen. Das traditionsreiche Kleinod wird derzeit in vierter Generation von der Familie Vogeler betreut.

Brünjeshof
Ostendorfer Str. 25
27726 Worpswede
Tel: 04792-1420
Besichtigung nur nach Vereinbarung

16 Brünjeshof

Paula Becker schrieb, nachdem sie bereits zwei Jahre in Worpswede gelebt und gearbeitet hatte, am 2. Juli 1900 in ihr Tagebuch: „Ich wohne jetzt bei Brünjes in Ostendorf, schön in der Stille. Da versuche ich alles Eitle, was die Großstadt mit sich brachte, abzustreifen …" (Stelljes, Helmut: Worpswede, Worpswede, Du liegst mir immer im Sinn, S. 49. Bremen 2007). Und in einem Brief an den Dichter Rainer Maria Rilke bekräftigte sie am 5. April 1907: „Ich sitze wieder in meinem kleinen Atelier bei Brünjes … Dies ist für mich die liebste Stube aus meinem ganzen Leben" (ebd., S. 109). Der Brünjeshof war damals wie heute ein kleines strohgedecktes Bauernhaus, dessen Giebelbalken die Jahreszahl 1851 trägt.

Für Paula Modersohn-Becker (1876–1907) war die gemietete Wohnstube bis zu ihrem frühen Tod ihr Atelier, das Rilke, aufgrund des mit Lilien bedruckten Vorhangs, „Lilienatelier" nannte. Otto Modersohn ließ nach der Eheschließung (1901) für seine Frau Paula ein Oberlichtfenster in das Strohdach einbauen, sodass die Malerin genügend Licht für ihre künstlerischen Arbeiten zur Verfügung hatte. Dieses spezielle Fenster erinnert noch heute an das ehemalige Atelier der Künstlerin Paula Modersohn-Becker.

Als der Künstler Carl Emil Uphoff (1885–1971) im Jahre 1910/11 nach Worpswede kam, fand er, wie zuvor Paula Becker, „unter einem grünbemoosten Bauerndach" im **Brünjeshof** Unterschlupf. Er heirate 1913 Luise Dorothea Damköhler. Die Mutter, Witwe des Bremer Apothekers Dr. Damköhler, kaufte für das Ehepaar im April desselben Jahres den **Brünjeshof.** Der Gartenarchitekt Uphoff gestaltete 1914 das zuvor landwirtschaftlich genutzte Grundstück von 14 Morgen zu einem parkähnlichen Garten um, der bis heute den **Brünjeshof** in unverwechselbarer Weise bereichert. Das Anwesen, zuweilen auch „Blumenhof" genannt, stellt sich als Einheit von Leben und Werk des Künstlers Carl Emil Uphoff dar, der sich neben Malerei, Grafik, Bildhauerei, Design und Gartenarchitektur auch durch zahlreiche Werke als Schriftsteller auszeichnete.

In dem denkmalgeschützten Brünjeshof wird heute das ehemalige Atelier von Paula Modersohn-Becker als Ferienwohnung genutzt. Der Enkel von Carl Emil Uphoff, Philipp, betreibt auf dem Brünjeshof ein Garten- und Landschaftsbauunternehmen.

Kunstzentrum Alte Molkerei
Osterweder Straße 21
27726 Worpswede
www.alte-molkerei-worpswede.de
Tel.: 04792-5297936

17 Kunstzentrum Alte Molkerei

Die Grundsteinlegung der Molkerei in Worpswede fand am 1. November 1940 statt. Das für die Verarbeitung von Milchprodukten errichtete Gebäude gehörte in jenen Tagen zu einem der „Kernstücke der Teufelsmoorsanierung". Man ging von künftig „vermehrter Milcherzeugung" in der Region aus. Nachdem die Molkerei etwa 40 Jahre der Milchverarbeitung diente, entstand 1979 das **Kunstzentrum** Alte Molkerei. Scherzhaft hieß es jetzt „Kunst statt Käse".

Durch zweckdienliche Umbaumaßnahmen wurde die ursprüngliche Molkerei in das **Kunstzentrum** Alte Molkerei umgewandelt und am 10. November 1979 eingeweiht. Bis heute finden in dem großräumigen Gebäude mit seinem weithin sichtbaren Schornstein unterschiedliche Einrichtungen und Unternehmen eine Bleibe: Ateliers, ein etabliertes Antiquariat (Tel.: 04792-7072), ein griechisches Restaurant, ein Bistro-Café, Internetservice sowie zahlreiche Wohnungen. Das „Kunstzentrum Alte Molkerei" zeigt Ausstellungen der zeitgenössischen Kunst, ist eine Begegnungsstätte für Kunst und Kultur und bietet außerdem ein abwechslungsreiches Boulevardtheater.

In großflächigen Räumen, in denen anfangs die renommierten Galerien „Bollhagen" und anschließend „Bernack" erfolgreich Kunstwerke von nationalen und internationalen Künstlerinnen und Künstlern zeigten, hielt seit 2010 das **Theater** Alte Molkerei Einzug. Der Schauspieler und Theatermacher Knut Schakinnis kaufte den Gebäudekomplex und eröffnete im Künstlerdorf eine Spielstätte, die sich bis heute für Worpswede als eine kulturelle Bereicherung erweist. Am 24. September 2010 begann das Worpsweder Theater mit der humorvollen Aufführung „Loriots Dramatische Werke".

Worpsweder Kunsthalle
Bergstraße 17
27726 Worpswede
Tel.: 04792-1277
info@worpsweder-kunsthalle.de
www.worpwede-museen.de

Buchhandlung Friedrich Netzel
Findorffstraße 29
27726 Worpswede
Tel: 04792-1202
www.buchhandlung-netzel.de

18 Worpsweder Kunsthalle

Der Buchbindermeister Friedrich Netzel I. (1854–1931) kam 1879 nach Worpswede und gründete an der Findorffstraße ein kleines Ladengeschäft, das im Laufe der Jahre mehrfach erweitert wurde und heute noch als die traditionsreiche **Buchhandlung** Friedrich Netzel existiert.

Als am Ende des 19. Jahrhunderts die Künstlerkolonie an Bedeutung gewann, entwickelte Friedrich Netzel besondere Kontakte zu den Kunstschaffenden. Dabei wurden Räume seines Hauses zur Verfügung gestellt, in denen Kunstwerke gezeigt und verkauft wurden. Der deutliche Erfolg veranlasste 1919 seinen Sohn Friedrich Netzel II. (1891–1945), in dem Haus an der Bergstraße eine Galerie einzurichten. Danach eröffnete der Kunsthändler 1925 die **Kunsthalle** Friedrich Netzel, die in der Folgezeit einige Male vergrößert wurde.

Der Galerist und Kunsthändler Friedrich Netzel II. starb 1945. In den schwierigen Jahren nach dem Zweiten Weltkrieg führte seine Ehefrau die Galerie, bis sie 1956 das Unternehmen ihrem Sohn Friedrich Netzel III. (1929–1994) übertrug. „Fritz“ Netzel, erfolgreicher Galerist und Kunstsammler, erweiterte durch notwendige Baumaßnahmen das Haus 1961 für die Ausstellung über Nachkriegskunst: „Worpswede 61“. Er präsentierte wiederholt die eigene Sammlung der Worpsweder Künstlergenerationen und zeigte regional wie überregional viel beachtete Sonderausstellungen (wie die erste Ausstellung über DDR-Kunst in der Bundesrepublik).

Nachdem „Fritz“ Netzel (III.) 1994 starb, wurde 1999 entsprechend seinem Wunsch die *„Worpsweder Kunststiftung Friedrich Netzel“* gegründet. 2011/12 ist die **Worpsweder** Kunsthalle grundlegend saniert, umgestaltet und modernisiert worden, sodass das Museum zeitgemäßen Ansprüchen sowie den Sicherheits- und Klimabedingungen entspricht. **Die Worpsweder Kunsthalle** präsentiert sich seit Mai 2012 zusammen mit den Museen **Barkenhoff, Große Kunstschau Worpswede** und **Haus im Schluh** als *Worpsweder Museumsverbund* in Form von gemeinsam geplanten Ausstellungsprojekten.

Museum am Modersohn-Haus
Hembergstraße 19
27726 Worpswede
www.museum-modersohn.de

19 Museum am Modersohn-Haus

Bei einem Gang durch die Hembergstraße werden die Besucher ein besonderes Haus entdecken. Das Gebäude, das durch gelbe Holzleisten vertäfelt ist, präsentiert sich mit dem zurückliegenden Eingang als das sehenswerte **Museum am Modersohn-Haus/Sammlung-Bernhard Kaufmann.**

Dr. Wolfgang Kaufmann, der 2011 im Alter von 88 Jahren starb, hatte 1993 das Grundstück und das historische Modersohn-Haus mit der Absicht erworben, an der traditionellen Stätte des Künstlerdorfes seine unvergleichliche Sammlung Worpsweder Kunst der ersten und zweiten Generation zu zeigen.

Am 15. Oktober 1997 wurde nach aufwendigen Planungen und Baumaßnahmen das Museum mit dem historischen Modersohn-Haus und einem modernen Anbau eröffnet. Das **Museum am Modersohn-Haus** präsentiert vor allem Werke der ersten und teilweise der zweiten Malergeneration, sowie die Gemälde der bedeutenden Malerin Paula Modersohn-Becker.

Der Maler Otto Modersohn, Mitbegründer der Künstlerkolonie Worpswede, hatte im August 1897 für sich und seine erste Frau Helene (1868–1900) vom Schneidermeister Ranke ein bescheidenes Häuschen erworben. Das Haus, um 1894 entstanden, ist aus salpeterhaltigen Steinen der Worpsweder Ziegelei gebaut worden. Da das Mauerwerk jedoch Feuchtigkeit aufnahm, wurde das Bauwerk um 1898 mit einer Holzverkleidung umgeben, die das Haus auch heute noch schützt.

Als Helene Modersohn 1900 an Tuberkulose starb, heiratete Otto Modersohn 1901 Paula Becker. Paula schrieb 1901 an ihre Tante Marie Hill: „Ich gehe jetzt in seinem Haus aus und ein, und wir machen zusammen Pläne, es umzugestalten, und dazwischen zwitschert unser kleines Mädchen …" (Busch, Günter; Reinken, Liselotte v.: Paula Moderson-Becker in Briefen und Tagebüchern, S. 342. Frankfurt 2007). Paula und Otto Modersohn lebten zusammen mit Elsbeth (1898–1984), Tochter aus der ersten Ehe, in ihrem Worpsweder Zuhause. Am 20. November 1907 starb Paula Modersohn-Becker in Worpswede infolge einer Embolie, achtzehn Tage nach der Geburt der Tochter Mathilde (1907–1998), Tille genannt. Otto Modersohn lebte in den folgenden Jahren überwiegend in Fischerhude an der Wümme. Er heiratete 1909 Louise Breling (1883–1950). Das Worpsweder Haus verkaufte er 1920 an den preußischen Staat. Danach war das Gebäude viele Jahre Polizeistation und auch Wohnhaus. Heute führen Sigrun Kaufmann und Sohn Bernhard das sehenswerte Museum mit der größten zusammenhängenden Sammlung Worpsweder Kunst.

Worpsweder Mühle
An der Mühle/Hammeweg
(Tel.: 04792-951028 Jan Tissing)

20 Worpsweder Mühle

Die Windmühle am Rande Worpswedes gehört, neben der Zionskirche auf dem Weyerberg, zu den markanten Wahrzeichen des Künstlerdorfes. Seit Maler, Grafiker und Fotografen hier leben und arbeiten, ist das **Mühlenkreuz am Hügelrand** immer wieder ein herausragendes und beliebtes Motiv gewesen. Eine Inschrift an der weißen Außenmauer der Mühle informiert, dass der Bau von dem Müller Gevert Steil und dessen Ehefrau Anna im Jahre 1838 gebaut wurde. Die Mühle, ein sogenannter „Erdholländer", ist auf der sicheren Anhöhe des Weyerbergs errichtet worden, welcher sie vor Überflutungen in der Hammeniederung schützte. Als Vorgänger stand seit 1701 eine Bockwindmühle an gleicher Stelle. Diese musste sich mit dem gesamten Baukörper im Wind drehen, war kleiner und hatte außerdem nur einen Mahlgang. Mit der Erneuerung zum Erdholländer wurde die Mühle vor allem durch drei Windmahlgänge effektiver.

Die Geschichte der Worpsweder Mühle ist von Beginn an bis heute durch wechselnde Besitzverhältnisse und die Übernahme von verschiedenen Pachtmüllern bestimmt gewesen. Seit dem Jahre 1888 ist das historische Bauwerk im Besitz der Familie Schwenke. Heinrich Schwenke war der letzte Müller, denn der gewerbliche Betrieb wurde 1985 eingestellt, da die Kosten für den Erhalt zu hoch waren. Eine gründliche Renovierung der traditionsreichen Mühle wurde mehr und mehr erforderlich, denn das Baudenkmal wies bedrohliche Zeichen des Verfalls auf. Die nötigen Maßnahmen wurden durch die zusätzliche Unterstützung der Gemeinde und des Landkreises Osterholz finanziell gesichert. Heute erfüllt die Mühle die Aufgaben eines Museums. Die Mahlwerke sind für Vorführzwecke voll funktionsfähig. Seit 1998 haben die *Freunde Worpswede e.V.* die Mühle in Pacht genommen und der *Arbeitskreis Mühle* kümmert sich um die Betreuung.

21 Neu-Helgoland

In der Region um Worpswede wurden nach 1750 zahlreiche Moordörfer gegründet. Die dabei entstandenen Kanäle dienten neben der Entwässerung des Teufelsmoores auch den Torfkähnen als Wasserstraßen. Die Moorsiedler transportierten mit den sogenannten „Halbhuntschiffen" den getrockneten Brenntorf zu ihren Kunden. Die Kanäle hatten zugleich eine Anbindung zum Fluss Hamme, welcher durch die weite Niederung nördlich von Worpswede und des Weyerbergs fließt. Die Torfbauern waren bis zu ihren Kunden oft mehrere Tage unterwegs, sodass an der Hamme schon bald einzelne Haltestellen entstanden, wo bei der mühsamen und langen Kahntour Rast gemacht werden konnte.

Zu Beginn waren die Raststätten an der Hamme karge Hütten. Als 1875 die Ritterhuder Schleuse in Betrieb genommen wurde, konnte der Wasserstand in der Hammeniederung maßgeblich beeinflusst werden. Auch der Flusslauf der Hamme ist im 19. Jahrhundert erheblich begradigt worden, sodass sich die Wasserstraße für die Torfbauern mit ihren Kähnen entscheidend verkürzte.

Auf einer kleinen Anhöhe entstand an der Hamme das Gasthaus **Grimms Hütte** aus Ziegelstein. Dabei bot der Schankwirt Grimm neben Getränken auch allerlei Waren für die Moorbauern an. Im Gastraum hing das Angebot oft zweckmäßig an Haken von der Decke. Grimms Schwiegersohn Johann Bunger ließ 1905 den Ziegelsteinbau abreißen und baute ein stattliches Fachwerkhaus mit einer Veranda an seine Stelle. Denn der Tourismus hatte, durch die Bekanntheit der Künstler, inzwischen Einzug in Worpswede gehalten. Doch der Transport des Brenntorfes ging in den folgenden Jahren zunehmend zurück.

Der heutige Name „Neu-Helgoland" findet zwei Erklärungen: In der nassen Jahreszeit war die Niederung der Hamme gleich einem großen Meer überflutet. Das Haus mit dem roten Dach leuchtete dann wie ein Fels aus dem Meer, der beim Blick vom Weyerberg wie der Fels von Helgoland erschien. Die zweite Deutung hat einen historischen Bezug: Die seit 1807 britische Hochseeinsel Helgoland ging durch den „Vertrag über Kolonien und Helgoland" 1890 an Preußen, weil im Gegenzug das Deutsche Reich den britischen Herrschaftsbereich für die Insel Sansibar im indischen Ozean anerkannte. An dieses historische Ereignis sollte **Neu-Helgoland** erinnern.

Bei **Neu-Helgoland** führt ein Weg in die weite Hammeniederung. Die Brücke, die heute unter Denkmalschutz steht, ist 1958 im Auftrag des *Wasser- und Bodenverbandes Teufelsmoor* entstanden. Der Vorläufer, eine Holz- und handbetriebene Zugbrücke aus der Zeit um 1947/48, wurde durch den heutigen, massiven Bau ersetzt.

Neu-Helgoland hat seine einstige Funktion verloren und dient heute dem Tourismus. Den Gästen werden Restaurants, ein Badestrand und ein Campingplatz geboten. Außerdem gibt es einen Hafen mit Anleger für die Nachbauten der historischen Torfkähne, welche von Besuchern zu Fahrten auf der Hamme gebucht werden können.

Neu-Helgoland
Hammeweg 19
27726 Worpswede
Tel.: 04792-7606
www.hammehuette.de

Torfschiffswerft-Museum
Schlußdorfer Straße 36
27726 Worpswede
Tel.: 04792-2575
www.torfschiffswerft-museum.de
melingkat@web.de

22 Torfschiffswerft-Museum

Die Erschließung des Teufelsmoores nach Plänen von Jürgen Christian Findorff, dem Königlichen Moorkommissar, endete im Jahre 1800 mit der Siedlung Schlußdorf. Die 24 Hofstellen hatten je Gehöft 52 Morgen Land. Der Ortsname erklärt den „Schluss" der Kolonisierung der Moorregion nahe Worpswede. Seit 1977 befindet sich im Ortsteil Schlußdorf ein **Torfschiffswerft-Museum,** in dem den Besuchern zahlreiche, meistens originale Objekte gezeigt werden. Die Ausstellung der altertümlichen Gerätschaften aus der Zeit des ehemaligen Torfabbaus, ergänzt durch historische Fotos über die harte Arbeit und das karge Leben der Moorsiedler, machen den Museumsbesuch zu einem Gang durch die Geschichte.

In der ursprünglichen Bootswerft wurden zwischen 1850 und 1930 von den Bootsbauern Johann Cord-Hinrich und Hinrich Grotheer mehr als 600 Torfkähne hergestellt. Die sogenannten Halbhuntschiffe mit einer Länge von rund 10 Metern boten Platz für 50 Körbe Brenntorf (das entspricht einem Fassungsvermögen von 6 Kubikmetern). Von der benachbarten Geest (sandige Landschaft von Norddeutschland) wurde das dafür erforderliche Eichenholz mühsam herbeigeschafft und mit primitivsten Handwerksgeräten bearbeitet.

Noch zu Beginn des 20. Jahrhunderts brachten die Moorbauern den begehrten Brenntorf, auch Backtorf genannt, mit ihren Torfkähnen zur Kundschaft nach Bremen, Vegesack und sogar nach Nordenham. Als in den Moordörfern feste Straßen gebaut wurden, verlagerte sich der Verkehr vom Wasser auf die Landwege. Dem Bootsbauer Grotheer blieben dadurch die Aufträge aus. Im Jahre 1950 wurde noch einmal ein letztes Torfschiff für die Stadt Bremen gebaut. Später drohte die Torfschiffswerft zu verfallen, woraufhin der *Heimatverein Schlußdorf* das alte Gebäude übernahm und mit großem Engagement restaurierte.

Das Museum zeigt im Außenbereich ein Klappstau (ein hölzernes Wehr), Bauernbackofen und Ziehbrunnen, alte Bienenkörbe und den Torfkahn mit Schutzdach nach historischem Vorbild. Die Museumsanlage hat seit 2015 auch das kleine **Werft-Café** für Besucher eröffnet.

Helmut Stelljes

Dr. phil., seit 1966 in Worpswede ansässig, veröffentlichte neben methodisch-didaktischen Publikationen vor allem Künstlerporträts und kulturgeschichtliche Abläufe des Künstlerdorfes Worpswede. In Text und Bild publizierte er als Autor und Lichtbildner Bücher, Zeitschriftenbeiträge und Fotokalender. Als Fotograf ist er Mitglied im BBK Bezirksgruppe Osterholz in Worpswede. Seine Bilder wurden in zahlreichen Ausstellungen gezeigt.

2., verbesserte Auflage

Besuchen Sie uns im Internet unter
→ www.asw-verlage.de

Lektorat: Sebastian Preiß, arts + science weimar GmbH
Gestaltung & Satz: Monika Aichinger, arts + science weimar GmbH
Druck: optimal media GmbH, Röbel/Müritz

ISBN 978-3-89739-934-1

Bibliografische Information der Deutschen Nationalbibliothek
Die Deutsche Nationalbibliothek verzeichnet diese Publikation in der Deutschen Nationalbibliografie; detaillierte bibliografische Daten sind im Internet über http://d-nb.de abrufbar.

Herzlich Willkommen in Worpswede!

Wir beraten Sie gerne zu:

- Übernachtungsmöglichkeiten
- Sehenswürdigkeiten
- Gästeführungen
- attraktiven Fahrradstrecken
- interessanten Spaziergängen
- GPS-geführten Radtouren
- Torfkahn- und Moorexpressfahrten
- Restaurants und Cafés
- aktuellen Ausstellungen und Veranstaltungen
- Gruppenprogrammen

Wir buchen für Sie:

- Unterkünfte
- Arrangements
- Gästeführungen
- Moorwanderungen
- Torfkahnfahrten
- Moorexpressfahrten
- Kutschfahrten
- Tickets für Museumsbesuche, Konzerte, Theater etc.

Sie erhalten bei uns:

- Prospekte und Informationsbroschüren
- Kunstführer und Bücher über Worpswede und das Teufelsmoor
- Ansichtskarten
- Radwanderkarten
- Geschenkgutscheine

worps^wede
das künstlerdorf

Tourist-Information für Worpswede und das Teufelsmoor
Bergstraße 13 · 27726 Worpswede
Tel. 04792-935820 · Fax 04792-935823
info@worpswede-touristik.de · www.worpswede-touristik.de